Juliette et Roméo

Un texte de *Louise* Portal
Illustré par Philippe Béha

Hurtubise

Catalogage avant publication de Bibliothèque
et Archives nationales du Québec et Bibliothèque et Archives Canada

Portal, Louise

Juliette et Roméo

Doit être acc. d'un disque son.
Pour enfants de 4 ans et plus.

ISBN 978-2-89647-232-1

I. Béha, Philippe. II. Titre.

PS8581.O745J84 2010 jC843'.54 C2010-940633-8
PS9581.O745J84 2010

Les Éditions Hurtubise bénéficient du soutien financier des institutions suivantes pour leurs activités d'édition :
• Conseil des Arts du Canada ;
• Gouvernement du Canada par l'entremise du Programme d'aide au développement de l'industrie de l'édition (PADIÉ) ;
• Société de développement des entreprises culturelles du Québec (SODEC) ;
• Gouvernement du Québec par l'entremise du programme de crédit d'impôt pour l'édition de livres.

Illustrations : Philippe Béha
Conception graphique et mise en page : Mance Lanctôt, www.figcommunication.com
Numérisation des illustrations : Photosynthèse
Chanson - paroles et musique : Louise Portal et Priscilla Lapointe
Conte - musique et arrangements musicaux : Priscilla Lapointe
Chœurs : Lili-Avril Lapointe-Simard
Matriçage : Studio Plasma

ISBN 978-2-89647-232-1

Dépôt légal/4e trimestre 2010
Bibliothèque et Archives nationales du Québec
Bibliothèque et Archives du Canada

Diffusion-distribution au Canada :
Distribution HMH
1815, avenue De Lorimier
Montréal (Québec) H2K 3W6
Téléphone : 514 523-1523
Télécopieur : 514 523-9969
www.distributionhmh.com

Diffusion-distribution en Europe :
Librairie du Québec/DNM
30, rue Gay-Lussac
75005 Paris FRANCE
www.librairieduquebec.fr

Imprimé à Singapour
www.editionshurtubise.com

À Juliette Gourmet
et Petit Paul Jacquin,
rencontrés à Sidi-Ifni au Maroc,
été 2008.
LOUISE PORTAL

À Bébé.
PHILIPPE BÉHA

Il était une fois... une petite fille curieuse et ricaneuse qui s'appelait Juliette. Un jour où elle avait donné son repas à son petit chat, ses parents mécontents l'envoyèrent en punition dans sa chambre.

— Et défendu à ton chat d'aller se cacher sous tes draps !

Elle ne ricanait plus et ses parents non plus.

En colère, la petite se mit à chanter à tue-tête :

Pica pica vieux croûtons,
Vous m'avez pris mon chaton.
Pica pica vieux croûtons,
Retirez ma punition.
NON NON NON NON NON !
Je ne vous dirai pas pardon… NON !

À cet instant, Juliette remarqua sur sa table un nouveau livre d'images.

Sur la couverture, un petit garçon… Aux yeux très noirs.

À la peau sombre. À voix basse, elle lui chanta :

Pica pica p'tit garçon,
Où te caches-tu, mon mignon ?
Pica pica p'tit garçon,
J'voudrais bien savoir ton nom.
NOM NOM NOM NOM NOM !
J'voudrais bien savoir ton nom.

Elle vit soudain le dessin s'animer et entendit le petit garçon lui parler:

— Que fais-tu aujourd'hui, coléreuse Juliette?

— Mais qui t'a dit mon nom?

— Je le connais depuis très longtemps...

Et il se mit à courir.

— Oh ! s'exclama Juliette. Comment t'appelles-tu ? Mais attends-moi...
Vivement, elle tourna la page.
Ce qu'elle découvrit la laissa éberluée.
Une colline rouge descendait jusqu'à la mer turquoise.

Le petit garçon marchait sur la plage.

Il tenait la main d'une femme vêtue de la tête aux pieds d'un long voile orangé.
Plusieurs parasols étaient plantés dans le sable.
On aurait dit d'énormes fleurs de toutes les couleurs.

Juliette était émerveillée.

Elle ferma les yeux et sauta dans le livre mystérieux.

Juliette se retrouva dans un pays inconnu.

La chaleur y était torride et le vent très doux. La mer l'aveuglait et ses yeux picotaient.

Pica pica drôle de pays...
Les tropiques ou bien l'Afrique ?
Pica pica quel beau pays !
J'voudrais bien savoir son nom.
NOM NOM NOM NOM NOM !
J'aimerais bien savoir son nom.

Dans son pyjama rose, les cheveux en bataille et les pieds nus,

**Juliette marcha... marcha...
à la recherche du petit garçon
et de la belle dame.**

Toute seule, elle se sentait dépaysée.
Elle n'était plus si curieuse, ni ricaneuse.
Alors, un goéland vint se poser à ses pieds et la dévisagea de ses yeux rieurs.
Il portait sur sa tête un béret décoré d'une plume dorée.

— Hello, hello, dit l'oiseau.

— Je suis perdue, répondit Juliette. Qui es-tu ?

— Je m'appelle Shakespeare. Je sais qui tu cherches...
Tu cherches ton Roméo.

— Ah ! Enfin ! Il s'appelle Roméo ! Tu le connais ?

— Oh oui ! Depuis longtemps ! Très longtemps...
C'est moi qui ai écrit l'histoire
de Roméo et Juliette. Allez, monte ! dit l'oiseau.

Il se mit à grandir... grandir...
jusqu'à devenir un goéland géant.
D'un bond, la fillette se retrouva à califourchon sur son dos.

Ensemble, ils survolèrent des falaises, toutes piquées de petites aiguilles.

— Regarde, Juliette, ce sont des cactus,
lui indiqua le goéland.

— Cactus, cactus, cactus, répétait Juliette.

La petite curieuse était comblée.
Elle découvrait un village comme elle n’en avait jamais vu.
Les maisons étaient blanches.
Les portes et les fenêtres étaient peintes en bleu.
Les rues étaient recouvertes de terre rouge.

Et il y avait des chatons, des chatons partout !

L’oiseau vint déposer Juliette au milieu d’une grande place,
tout près d’une fontaine.

Avant de s'envoler, Shakespeare lui recommanda d'attendre,
d'être patiente et de chanter.
— Chanter... chanter... mais pourquoi et pour qui ? Il n'y a personne !
Ne t'en va pas... J'ai mal au cœur, oiseau moqueur...

Le goéland lui donna la plume qui décorait son béret et s'envola.
De petites larmes roulèrent sur les joues de Juliette.
Avec la plume de l'oiseau, elle écrivit une ritournelle :

Pica pica beaux chatons,
Avez-vous vu le petit garçon ?
Pica pica beaux chatons,
Laissez-moi vous dire son nom.
Roméo… Roméo… Roméo…

Les chatons l'encerclèrent pour chanter avec elle :

Pica pica nous les chatons,
Connaissons ce petit garçon.
Ensemble nous l'appellerons.
Roméo... Roméo... Roméo...

Rrrooméo, Rrrooméo, miaulèrent-ils en chœur.

Soudain,
au bout de la rue,
porté par le vent,
Roméo apparut !

Un grand plateau était posé sur sa tête.
— Roméo ! Mon Roméo !
s'exclama Juliette en courant vers lui.
Il déposa le plateau
et retira le tissu qui le couvrait.
L'odeur des brioches au miel attira
les chatons, qui vinrent manger avec eux.
— Ah ! J'avais faim... Hum, c'est bon !
déclara Juliette tout en se léchant les doigts.

— C'est ma mère qui les a faites.

— Est-ce la belle dame qui était avec toi ?

— Absolument.

— Où habites-tu ?

— Dans une maison là-bas, répondit Roméo en pointant une colline.

Juliette tourna la tête et vit une grande tour carrée coiffée d'un chapeau rond.

— Près du château ? demanda-t-elle, étonnée.

— Mais non, ce n'est pas un château, c'est une mosquée.

Comme ils finissaient de manger, un chant s'éleva.

— Je dois y aller, c'est l'heure de la prière, dit Roméo.

Et il partit en courant, laissant Juliette en plan.

— Zut de zut ! Attends-moi ! s'exclama-t-elle.

Et tout essoufflée, elle arriva à la mosquée.

— Roméo... Roméo ! cria-t-elle.

Son nouvel ami se montra à la fenêtre de la tour.

Il était vêtu d'une grande robe blanche.

— Chut ! Pas si fort.

Je ne peux pas te faire entrer... lui dit-il.

Et il disparut.

— Zut de zut ! pesta encore Juliette,

fâchée de se retrouver seule dans la rue.

Elle regrettait de s'être aventurée dans le livre d'images.

Pendant ce temps,
la maman de Juliette venait d'ouvrir la porte
à un mignon petit garçon.
— Bonjour, madame Capulet.
— Bonjour ! Qui es-tu ?
— Je suis votre nouveau voisin.
Je m'appelle

Roméo Montaigu.

— Bienvenue dans notre rue.

— J'ai vu votre fille avec son chat, aimerait-elle venir jouer avec moi ?

— Je vais l'appeler.

Juliette… Juliette…

« Vite ! se dit Juliette. Maman m'appelle !
Mais comment faire pour quitter ce pays inconnu ? »
Par chance, le goéland arriva.
— Hello, hello, dit l'oiseau.
— Ah ! Shakespeare, il faut m'aider, je dois retourner à la maison.

Aussitôt, il prit la fillette sur son dos et l'emmena jusqu'à la fenêtre de sa chambre.

À peine lui avait-elle dit merci que l'oiseau s'envola.
Juliette se coucha sur son lit et fit semblant de dormir...
Roméo monta à l'étage.
— Juliette ?... Juliette ?...

Le petit garçon jeta un œil dans la chambre.
Sur le lit, il découvrit Juliette. Il s'approcha doucement pour ne pas la réveiller.
« Oh ! Comme elle est belle ! » pensa-t-il.

Un rire coquin fusa et Juliette ouvrit les yeux.

— Oh ! Mais je te connais... Tu es Roméo ?

— Oui, je suis Roméo.

Elle sauta en bas du lit, alla chercher le livre et l'ouvrit.

— Tu viens de ce pays ?

— Oui, c'est mon pays, le Maroc ! dit Roméo.

Nous venons d'emménager au Québec, dans ce quartier.

J'habite la maison d'à côté.

Juliette prit les mains de Roméo et le fit tourbillonner dans la chambre.

Heureuse, elle lui chanta :

Pica pica mon Shakespeare,
Ton histoire nous réunit.
Pica pica mon Shakespeare,
Joli conte pour les petits.
Roméo et Juliette. Juliette et Roméo
Roméo et Juliette. Juliette et Roméo.

Main dans la main,
Juliette et Roméo plongèrent dans le livre d'images.
Dans le soleil qui descendait sur la mer,
on vit s'envoler un goéland géant.

Sur son dos, deux enfants vêtus de blanc.

Chanson

Juliette et Roméo

Il était une fois…
Une petite fille curieuse
Curieuse et ricaneuse
Qui s'appelait Juliette.

Un jour où elle donna
Tout son repas au chat
Ses parents mécontents
La mirent en punition.

Défendu à ton chat
De se cacher sous tes draps !
En colère, à tue-tête
Juliette leur chanta :

Pica pica vieux croûtons,
Vous m'avez pris mon chaton.
Pica pica vieux croûtons,
Retirez ma punition.
NON NON NON NON NON !
Je ne vous dirai pas pardon…
NON ! NON !

Sur la première page
De son livre d'images
Un garçon s'anima
Et Juliette lui chanta :

Pica pica p'tit garçon,
Où te caches-tu, mon mignon ?
Pica pica p'tit garçon,
J'voudrais bien savoir ton nom.
NOM NOM NOM NOM NOM !
J'aimerais bien savoir ton nom.
Nom. Ton nom !

Pour découvrir le pays
D'où le garçon venait
Juliette ferma les yeux
Sauta dans le livre mystérieux.

Pica pica drôle de pays...
Les tropiques ou bien l'Afrique?
Pica pica quel beau pays!
J'voudrais bien savoir son nom.
NOM NOM NOM NOM NOM!
J'aimerais bien savoir son nom.
Nom. Son nom!

Un bel oiseau apparut
Il s'appelait Shakespeare
Il fit monter Juliette
Sur son dos oh! oh! oh! oh!

Ils survolèrent la mer
Des collines et des cactus
Des maisons blanches et bleues
Et des chatons tout partout.

Des chatons par dizaines
Vinrent chanter avec elle
Des chatons par centaines
Miaulèrent miaulèrent «Roméo».

Pica pica nous chatons,
Connaissons ce petit garçon.
Pica pica nous chatons,
Ensemble nous l'appellerons.
Romé... Roméo
Roméo oh! Roméo
Rrrooméo... Rrrooméo...

Il était une histoire
Qui cette fois finit bien
Juliette et Roméo
Sous la plume de Shakespeare.

Un drôle d'oiseau géant
Un goéland au vent
Sur son dos deux enfants
Ricanant, vêtus de blanc.

Pica pica mon Shakespeare,
Ton histoire nous réunit.
Pica pica mon Shakespeare,
Joli conte pour les petits.
Roméo et Juliette
Juliette et Roméo
Roméo et Juliette
Juliette et Roméo
Juliette et Roméo.

Chanson - paroles et musique: Louise Portal et Priscilla Lapointe
Conte - musique et arrangements musicaux: Priscilla Lapointe
Chœurs: Lili-Avril Lapointe-Simard • Matriçage: Studio Plasma